图书在版编目（CIP）数据

攻城装置D.I.Y./(英)罗布·艾夫斯著；(英)约翰·保罗·德夸伊图；张珍真译. —上海：上海科技教育出版社，2019.3

("桌上战斗"系列)

书名原文：TableTop Battles:Make Your Own Siege Engines

ISBN 978-7-5428-6886-2

Ⅰ.①攻… Ⅱ.①罗… ②约…③张… Ⅲ.①智力游戏–儿童读物 Ⅳ.① G898.2

中国版本图书馆 CIP 数据核字（2018）第 258254 号

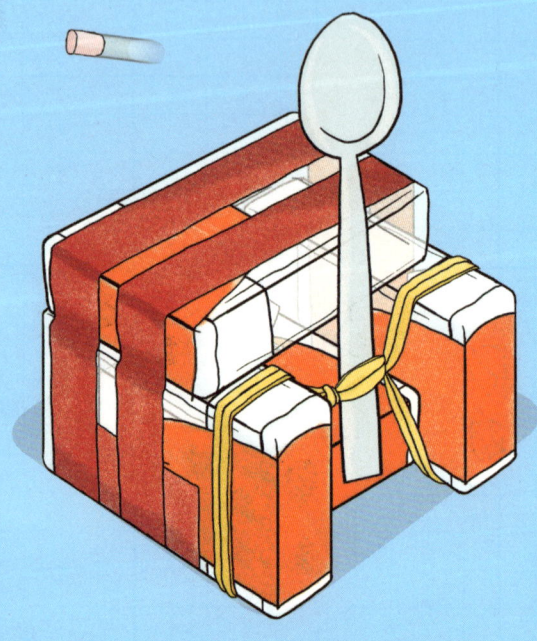

桌上战斗
攻城装置 D.I.Y.

上海科技教育出版社

 安全须知

制作这些小型发射器时，一定要注意安全且谨慎地使用。尽管我们做的发射器很小，所用的子弹两头都是钝的，弹药也只不过是糖果等物品，但不可预知的意外仍有可能发生。制作和使用这些攻城装置时，一定要确保安全第一。不正确的装配，瞄准错误的目标或误发，都可能造成危险。对发射器进行测试时，一定要带上护目镜。

别忘了留意周围的环境，尤其要注意你的观众们。如果太过用力，即使是钝的弹头也可能造成伤害。永远不要对准人、动物或者珍贵物品发射。

免责声明

本书的作者、出版商和经销商都不会对你的安全负责。在制作和玩耍的过程中，你需要自己承担风险。请留意本书中从始至终贯穿出现的安全警示标记（见右），并且在切割原料、钻孔或测试发射时向大人寻求帮助。

留意全书中的这个标记。它表示你可能需要在大人们的协助下完成制作步骤。

目录

攻城装置	6
抛石机	8
弩炮	12
投石机	16
投射机	20
空气滑膛枪	24
简易投石机	26
成品展示	28
历史上的攻城装置	30

攻城装置

本书将指导你制作小而精巧的6种攻城装置模型。这些模型的灵感来自古代战场。制作好这些模型后，你可以将它们放在桌上，发射棉花糖或葡萄"炮弹"!

你需要：

制作本书中的奇妙武器，你需要的大多数材料可以在家里、学校或当地商店中找到。

- 硬纸筒
- 木签
- 沐浴球
- 编织网（包水果的）
- 塑料袋
- 洗碗布
- 木勺
- 棉花糖（小）
- 冰棒棍
- 铅笔
- 塑料圆珠笔
- 橡皮筋（约160毫米长）
- 大号回形针
- 塑料捆扎带
- 塑料小勺
- Tic Tac薄荷糖塑料盒
- 一号电池

攻城装置

这是一本教你用日常用品制作微型攻城模型的趣味指南。这些装置的制作灵感来自不同历史时期,但主要是古代和中世纪的发明。各种武器使用不同的方法向敌人或他们的防御工事抛射弹药。而我们的迷你版也能把葡萄、糖果发射得满屋子乱飞!

现在,开始翻箱倒柜,找齐所需的材料,一起动手动脑吧!请切记,在开始制作之前,先认真阅读安全须知,留意那些警示符号,那里你需要大人的帮助。大人们肯定也很想加入!

那么,准备—开工—发射!

小贴士

一些制作环节需要将铅笔切成几段,请向大人们寻求帮助,并且在切割垫或类似材质表面上进行切割。这里有个小窍门:先在铅笔的每个面上刻出一圈划痕,再用力掰断。最后,用小刀处理截面毛刺。

在将圆珠笔杆切成几段时,也一定要寻求大人的帮助——这需要技巧。可以先用锉刀刻出一圈凹痕,再掰断。

使用钳子对回形针进行拉直和造型。

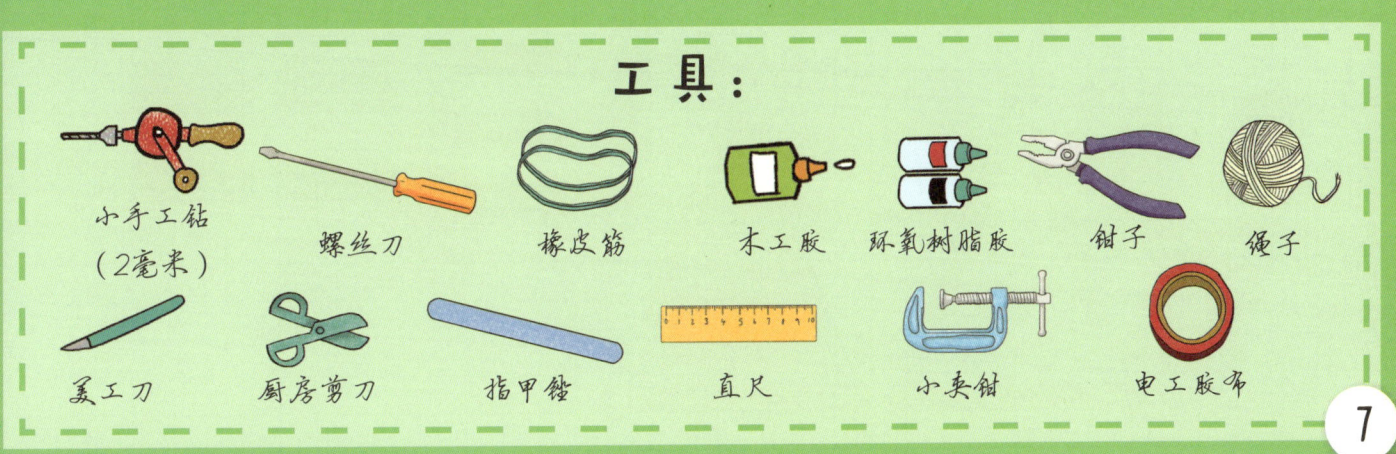

工具:小手工钻(2毫米)、螺丝刀、橡皮筋、木工胶、环氧树脂胶、钳子、锤子、美工刀、厨房剪刀、指甲锉、直尺、小夹钳、电工胶布

抛石机

这个抛石机是中世纪最强的一种武器，可以摧毁坚固的城堡。我们要制作一个抛石机模型，然后越过桌上向你的敌人发射葡萄或小棉花糖。

你需要：

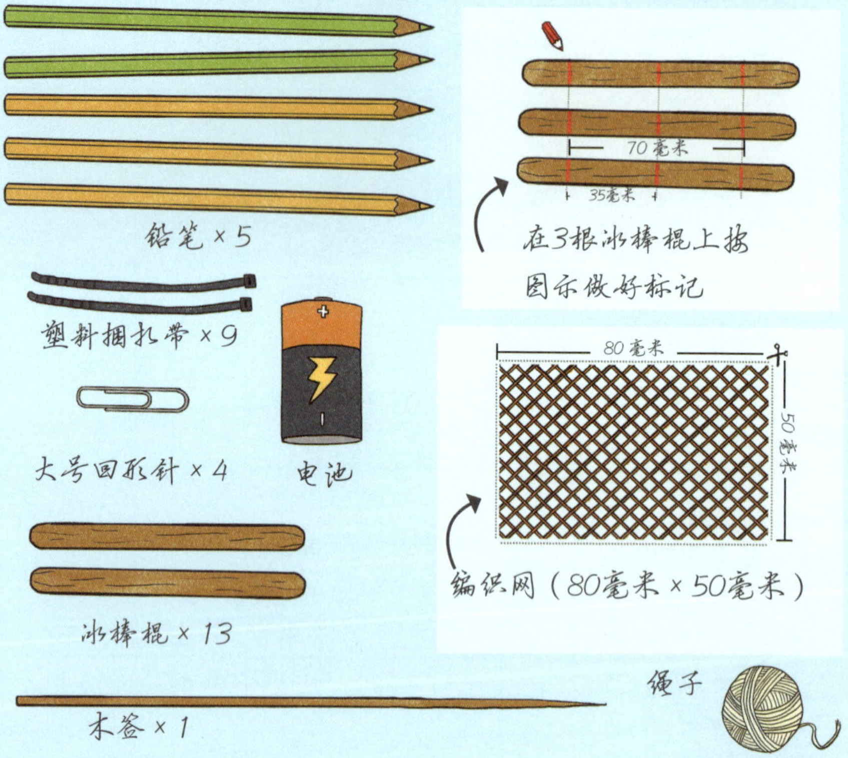

- 铅笔 × 5
- 塑料捆扎带 × 9
- 大号回形针 × 4
- 电池
- 冰棒棍 × 13
- 木签 × 1
- 锤子
- 在3根冰棒棍上按图示做好标记（70毫米 / 35毫米）
- 编织网（80毫米 × 50毫米）

工具：

- 直尺
- 钳子
- 美工刀
- 木工胶
- 环氧树脂胶
- 小手工钻
- 小夹钳或橡皮筋

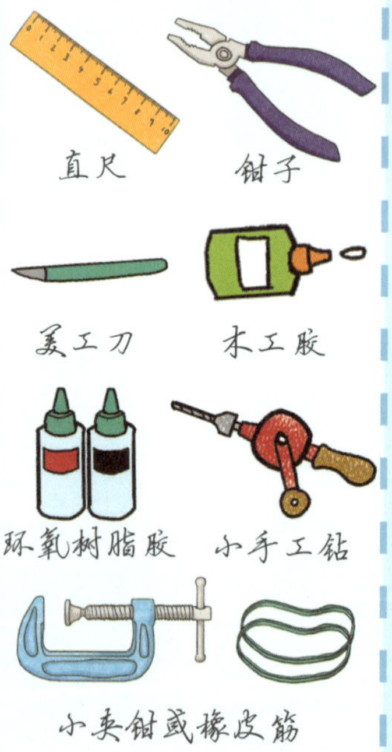

制作步骤

阶段1

1 取4支铅笔，将尾端的油漆刮去，使胶水可以粘在上面。把它们交叉平放在桌面上，如图所示用木工胶将冰棒棍粘于其上。用塑料捆扎带将铅笔顶端扎在一起，把捆扎带多余部分剪掉。

2 取4根冰棒棍，每根用美工刀切成20毫米长的3段。用木工胶将其粘成4块3层厚的木块，确保边角精准对齐。

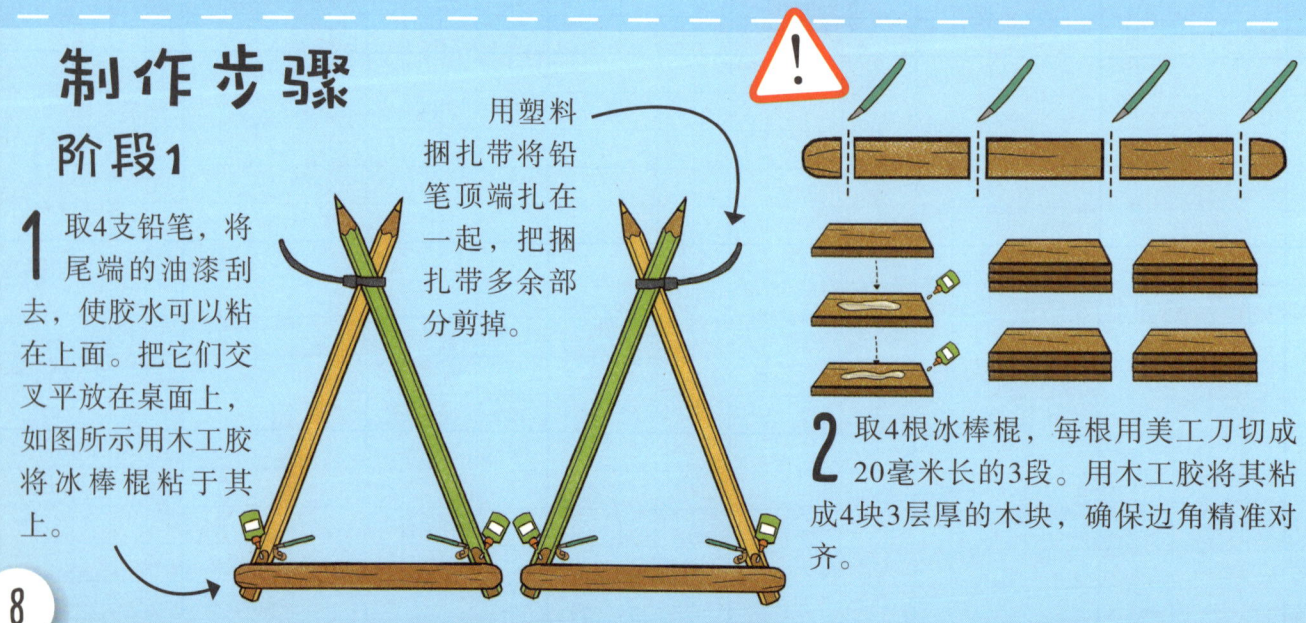

3 如图所示,在捆扎带下方的图示位置用美工刀刮出两个小面,并涂上胶水。

4 将步骤2制成的木块粘在冰棒棍架子的内侧。

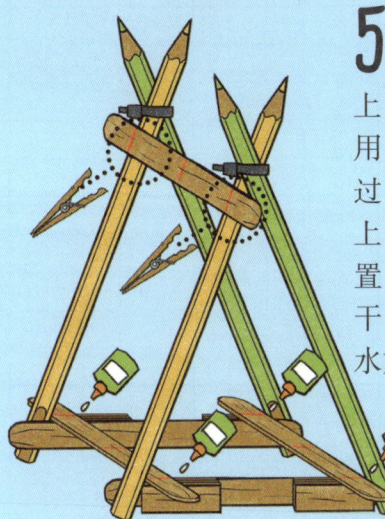
5 将做过标记的冰棒棍横跨粘在底座上,铅笔标记作对齐用。再将第三根标记过的冰棒棍横跨粘在上端步骤3刮过的位置。注意在胶水没有干透前,用钳子或胶水加以固定。

6 在底座横杠中线位置再粘上一根冰棒棍,随后两边再各粘一根冰棒棍。再在两侧各将一根冰棒棍侧面竖起粘上,形成一个通道。至此底座大功告成。

阶段2

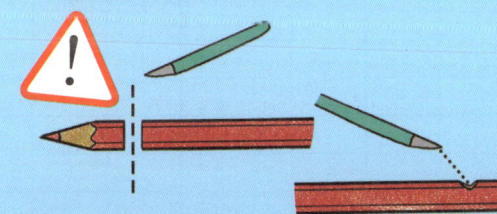
7 小心地切下铅笔尖,在距铅笔尾端约20毫米处刻一个小槽。

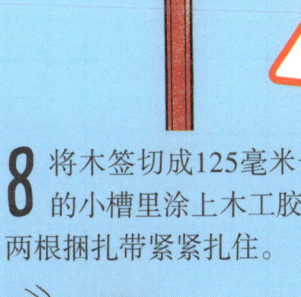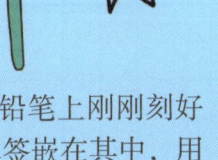
8 将木签切成125毫米长。在铅笔上刚刚刻好的小槽里涂上木工胶,把木签嵌在其中,用两根捆扎带紧紧扎住。

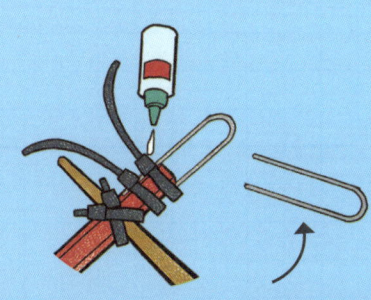
9 将一段80毫米长的回形针金属丝弯成一个环状,使其恰好卡住铅笔尾端,并且超出铅笔尾端15毫米。用环氧树脂胶将此金属环与铅笔粘合。用两根捆扎带加以固定。最后剪去多余部分。

10 将另一枚回形针拉直后对折,形成一个尖叉。将这个尖叉固定在铅笔远离木签的一端,并且超出前端约10毫米。

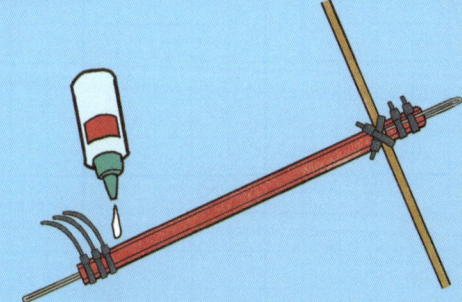
11 用环氧树脂胶将尖叉粘住。再用3根捆扎带固定。这将成为抛石机的摆动臂。

阶段3

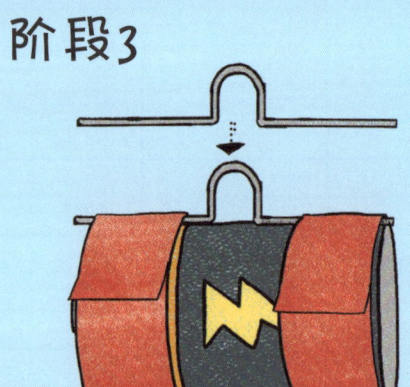
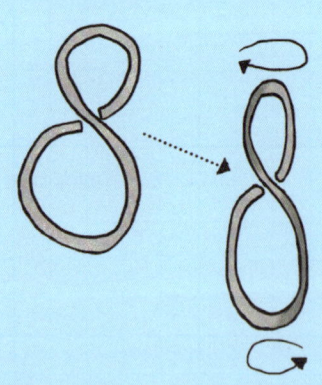
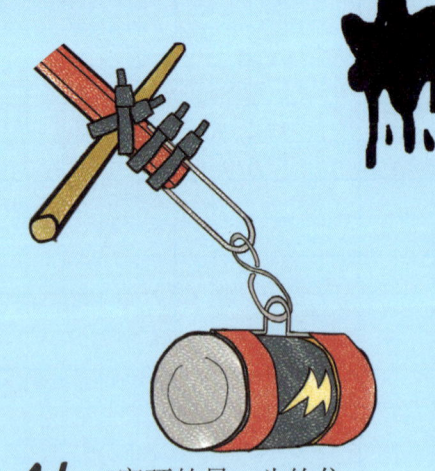

12 用另一枚回形针制成图示形状。用胶带将其固定在电池中部,做成一个吊环。

13 再取一枚回形针,拧成一个平面8字形。在中间拧90°,并穿过电池上的吊环。

14 8字环的另一头钩住摆动臂上的圆环。

阶段4

15 将冰棒棍一切为二,用小手工钻在每段靠近顶端处钻一个孔。再取一根回形针,拉直。

16 将步骤15的回形针折成图示的复杂形状,然后穿过打孔的冰棒棍。这组成了触发机关。将此触发机关的两段冰棒棍粘于底座的通道两侧。

阶段5

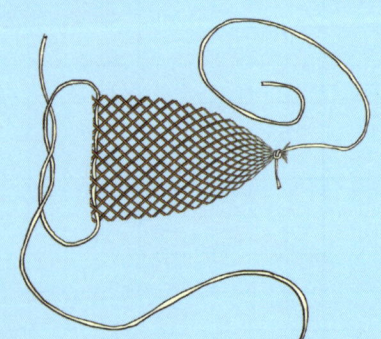
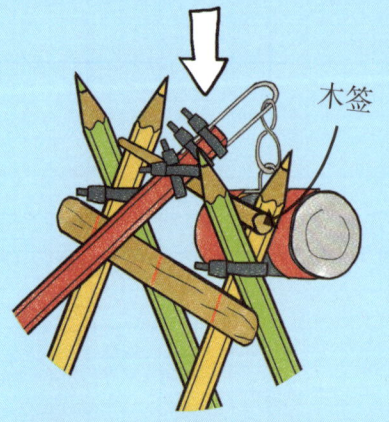
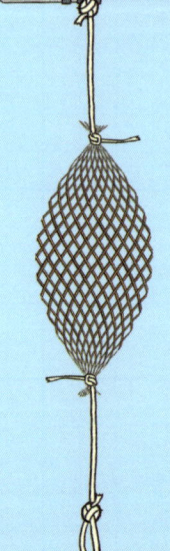

17 将一小段绳子穿过编织网的两端,如图所示打一个结。用力拉紧后剪去绳子多余部分。

18 将木签横放在站立的铅笔支架构成的V形部位,如图。

19 将编织网一头的绳子绑在摆动臂上,另一头打成一个环结。注意,编织网两头的绳子长度要大致相当,这部分将作为投石器的吊索。

弩炮

弩炮是公元前400年古希腊人发明的。因为弩炮太大了,所以通常在战场现场组装。不过我们即将制作的迷你弩炮非常小,适合用葡萄当作炮弹攻击敌人!

你需要:

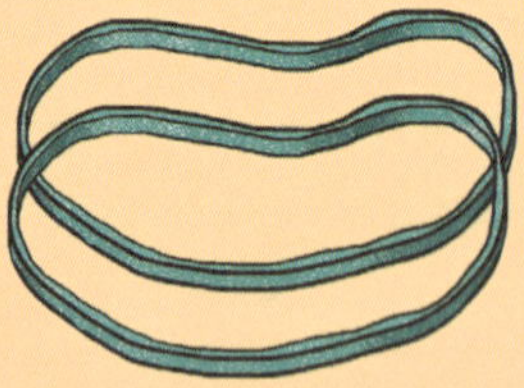

- 橡皮筋 × 2 
- 编织网(80毫米 × 50毫米)  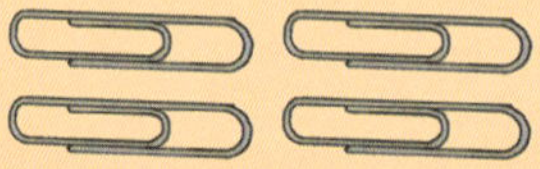
- 冰棒棍 × 7
- 大号回形针 × 4
- 塑料捆扎带 × 4

工具:

- 指甲锉
- 电工胶布
- 绳子
- 剪刀
- 美工刀
- 环氧树脂胶
- 钳子

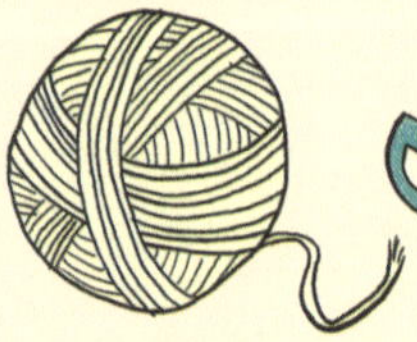

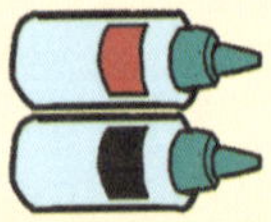

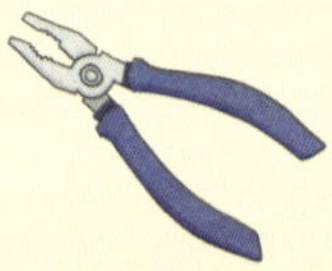

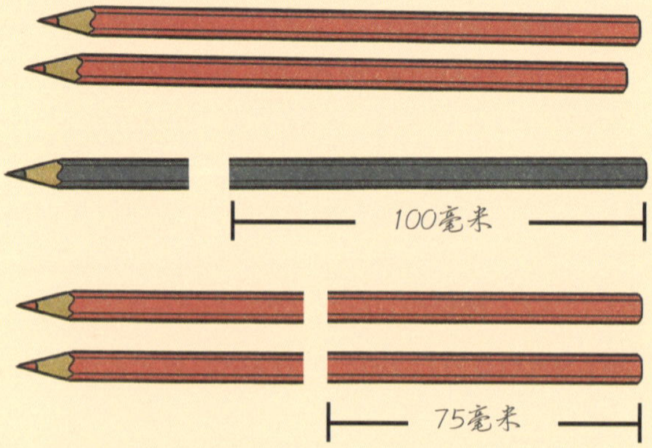

这个模型的支架由冰棒棍和铅笔组成。用厨房剪刀将7根冰棒棍切成50毫米长。

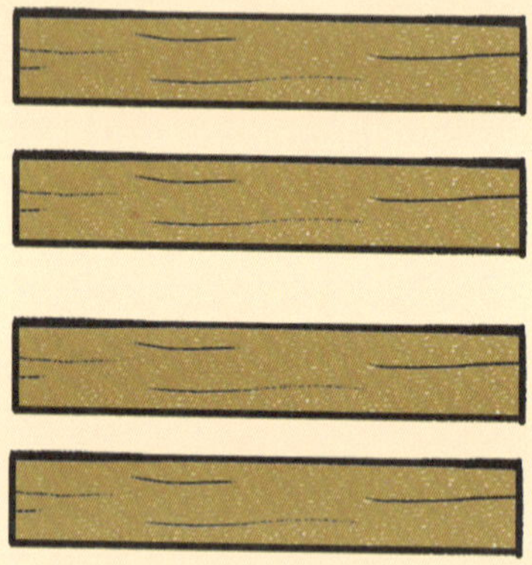

50毫米

100毫米

75毫米

你需要用到5支铅笔。其中两支保持原始长度,一支切为100毫米长,另两支切为75毫米长。

制作步骤
阶段1

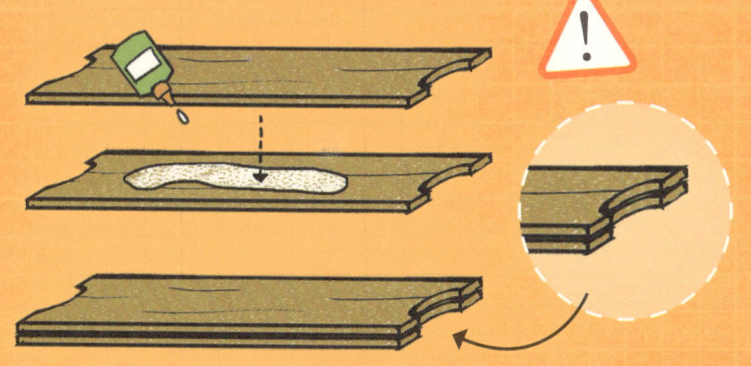

1 将提前切好的50毫米的冰棒棍背对背,粘成两层厚的木块,共两块。用指甲锉在两端锉出小凹痕。

2 将大号回形针拉直,对折,做成尖叉。

3 取一截100毫米的铅笔,用电工胶布将其与尖叉粘在一起。做成摆动臂。

阶段2

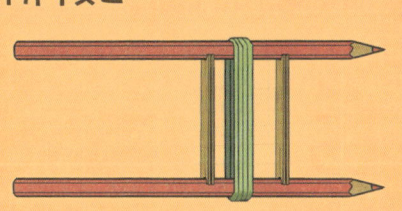 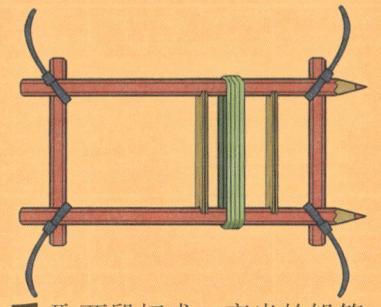 

4 取两根橡皮筋各转两圈,绕在两根原始长度的铅笔上,位置距笔尖约1/3处。在此橡皮筋左右各15毫米处分别用环氧树脂胶粘一块刚刚制作好的冰棒棍木块。

5 取两段切成75毫米的铅笔段,垂直放置在全尺寸铅笔两端。用捆扎带固定,剪去多余部分。

6 将摆动臂插入橡皮筋,并将橡皮筋拧成麻花状。

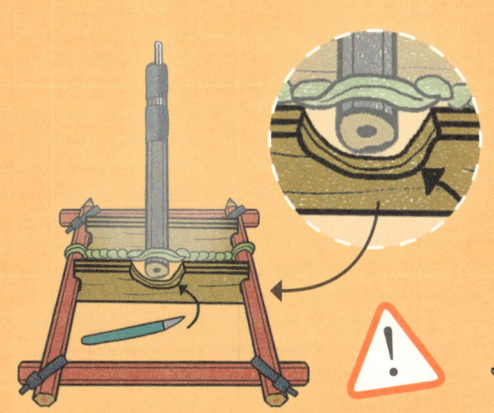 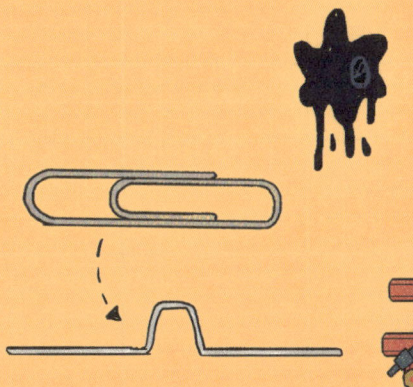 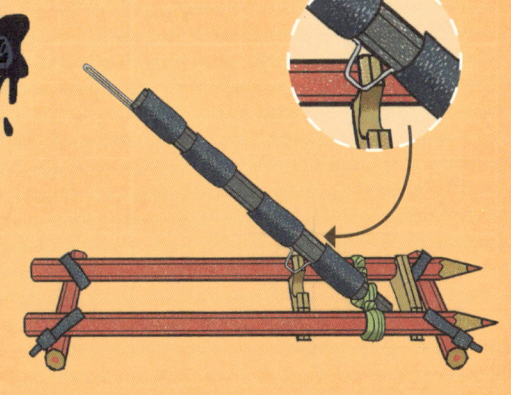

7 在靠里的冰棒棍木块上挖一个小槽,使得摆动臂可以嵌入其中。

8 将一段大号回形针折成图示的触发环。

9 将触发环粘在摆动臂上,环状结构朝下,正对横档。

阶段 3

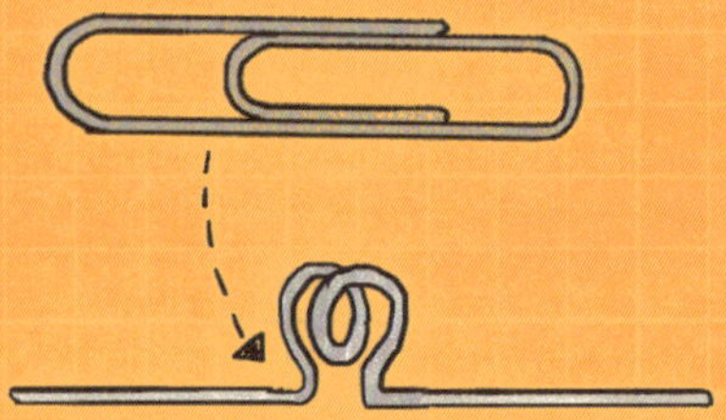

10 再将一枚回形针拧成图示的双环状。

11 用胶布将此双环粘在横档上，位置对准触发机关的圆环。

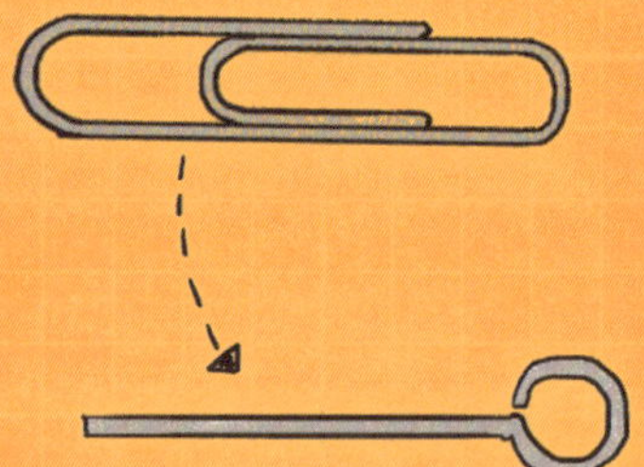

12 再取一枚回形针，拧成图示触发针结构。

13 在触发针的圆环上系一段绳子。

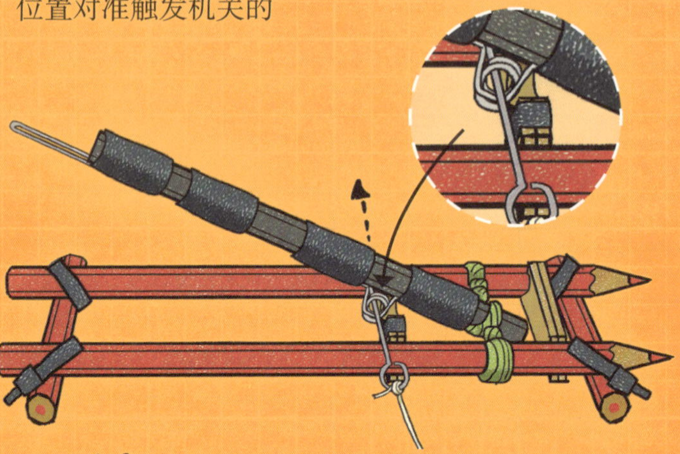

14 将摆动臂往下拉，让触发针穿过所有3个环。此时若抽出触发针，你将触动整个弩炮。

阶段 4

15 剪一块包裹水果的塑料泡沫网，大小正好能够包住一颗葡萄。在网的两端绑上一段绳子，收紧。在其中一端打一个滑结。

16 用胶带将网的一端粘到摆动臂上，另一端系成环状滑结，挂住尖叉，使得葡萄炮弹恰好挨着底座。

17 将最后3块切好的冰棒棍用木工胶粘成图示的木门结构。

阶段5

18 瞄准,快速抽出触发针,启动机关……

古罗马弩炮

这里我们制作的单臂弩炮是古罗马时期双臂投石武器的简化版本。古代的投石武器可以投掷各种大小的石块、沥青、粪便以及其他恶心的东西。一门弩炮需要12名士兵共同操作,每门弩炮须配备100名士兵。

准备!
瞄准!
发射!

15

投石机

利用一个带弹簧装置的勺子你可以做一件神奇的事！这个模型源自中世纪投石机。现在，让我们用葡萄炮弹（或各种种子）来战胜敌人吧！

你需要：

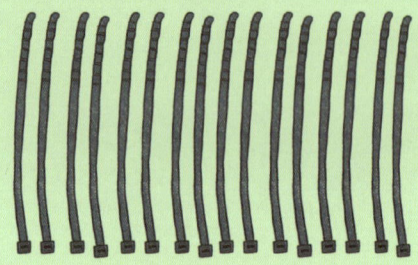

塑料捆扎带×12

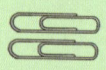

大号回形针×2

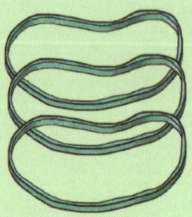

橡皮筋×3

塑料勺×1

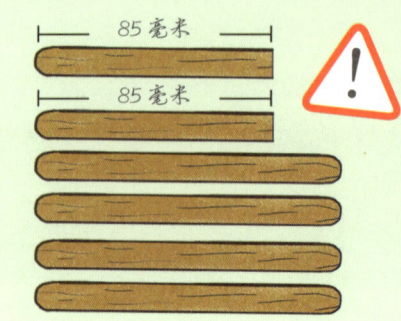

这个投石机模型的框架由6根冰棒棍组成。用厨房剪刀将其中两根剪为85毫米长。

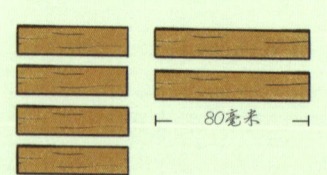

用6根冰棒棍做成2根横梁。4根剪成50毫米长，2根剪成80毫米长。

工具：

电工胶布

剪刀

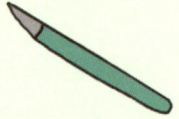
美工刀

木工胶

你需要一支圆珠笔笔杆，从上切下15毫米长的两段。

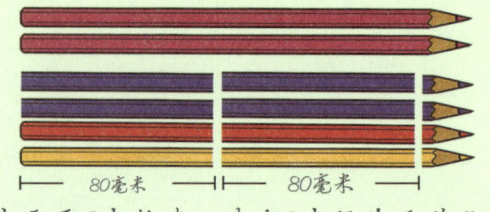

你需要6支铅笔，其中2支保持原始长度。另外4支先切掉其笔尖，然后切至80毫米长，共8段。

制作步骤
阶段1

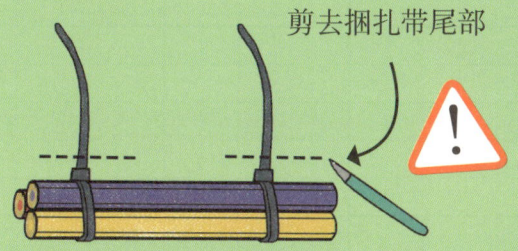

1 投石机的前后底座是由3段铅笔段捆扎在一起组成的。用捆扎带扎好后,将多余部分剪掉。

剪去捆扎带尾部

2 左右两侧的框架呈镜像对称,每侧各将两根原始长度的冰棒棍粘在一根85毫米长的冰棒棍上。

3 横梁:先把两块50毫米的短木片粘在一起,然后将新得的木块居中粘在80毫米长的木片上。等胶水干后再做下一步。

4 如图示将整个框架粘好,切记它们呈左右镜像对称,同样,等胶水干透后方可进行下一步。

5 在框架外侧两边各用捆扎带固定一根原始长度的铅笔。确保两支铅笔与支架边平齐。

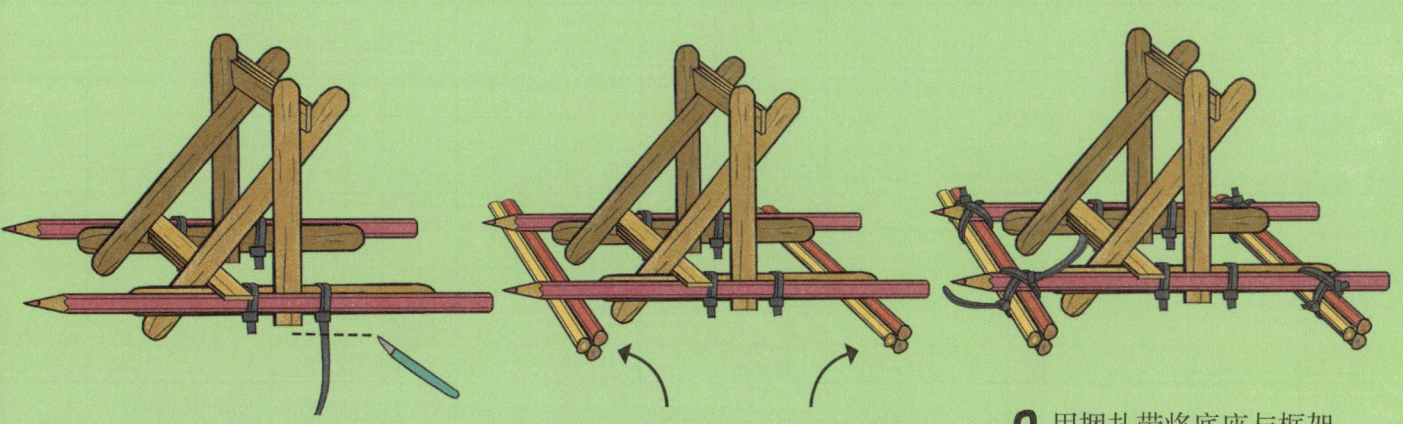

6 把捆扎带多余部分剪掉。

7 将铅笔段底座如图示位置放在两端。

8 用捆扎带将底座与框架固定在一起。

阶段2

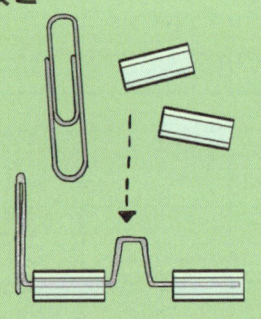
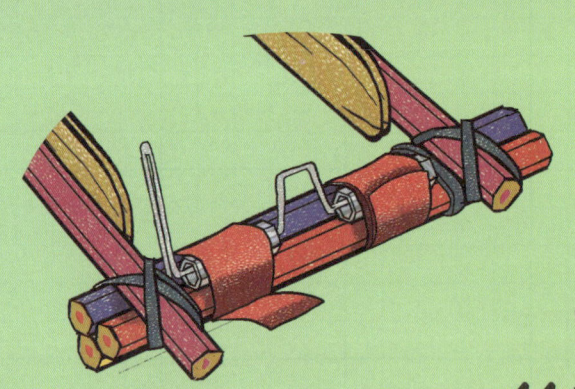
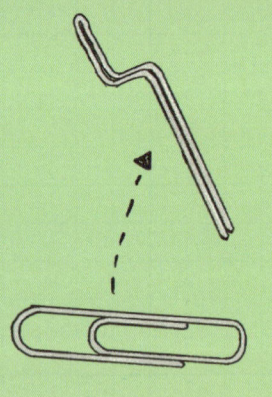

9 将一枚回形针拉直后拧成图示形状，穿过切好的圆珠笔杆段，做成触发机关。

10 用电工胶布将其固定在图示位置。

11 将一枚回形针拉直后拧成钩针，用以连接触发机关。

阶段3

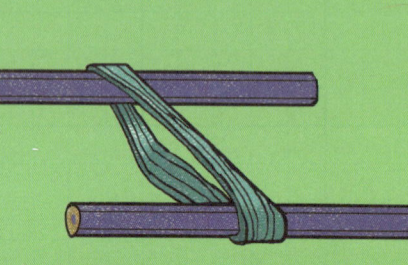
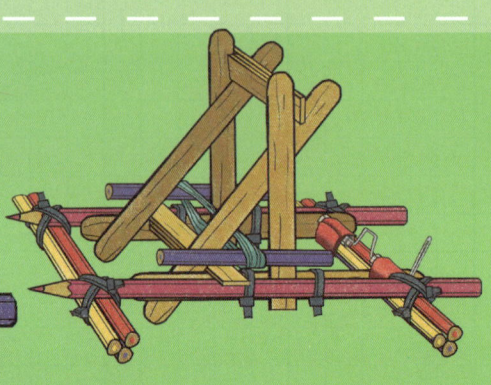

12 根据长度需要剪掉部分塑料勺勺柄，使得弩炮平放时勺子突出于整体框架，将钩针用电工胶布粘在勺子上。

13 将橡皮筋绕两圈，套在剩余的两支铅笔段上。

14 将此部分如图所示穿在框架上。注意这个步骤有点难，你需要反复尝试。

阶段4

15 将塑料勺的末端插入橡皮筋中。

16 轻轻转动铅笔段，使得橡皮筋拉紧。如果橡皮筋已经够紧，那么转半圈就够了。

17 用捆扎带固定铅笔段的位置。整个投石机就制作完成了。

投射机

投射机看上去像是巨大的固定的弩，两条发射臂通过向后拉伸的绳子进行发射。在下面这个迷你版中，你可以装填上橡皮头，然后让它们在屋里弹来弹去！

你需要8根冰棒棍。其中，制作框架需要：80毫米×2、50毫米×4和35毫米×4。制作发射臂需要从一端剪下长80毫米的两段，并在另一端5毫米处刻一个小凹槽。

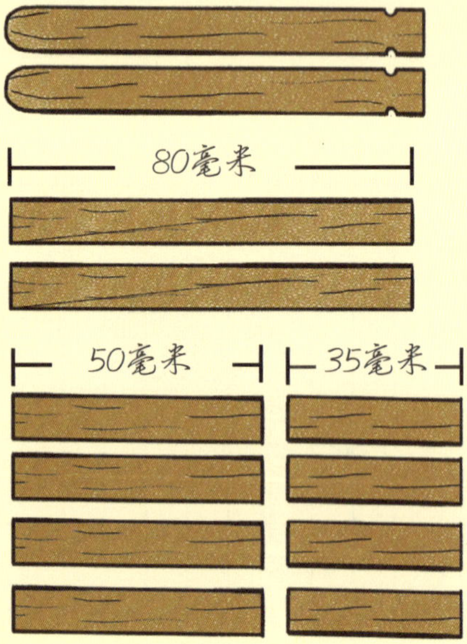

80毫米

50毫米　35毫米

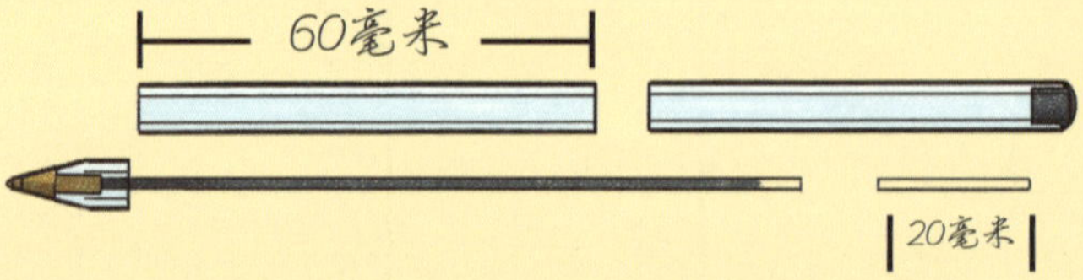

你需要：

60毫米　　20毫米

你需要圆珠笔笔杆和笔芯。切下一段60毫米长的笔杆，并从笔芯没有油墨处切下20毫米长的一段。

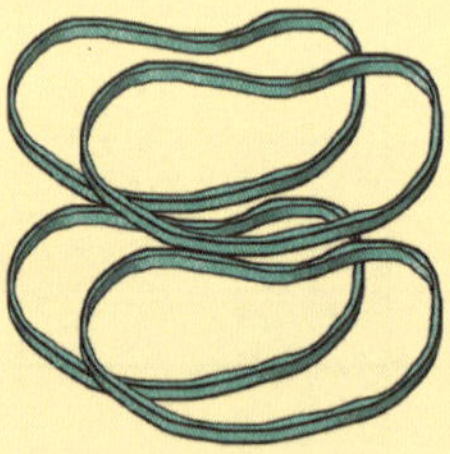

橡皮筋（160毫米）×4

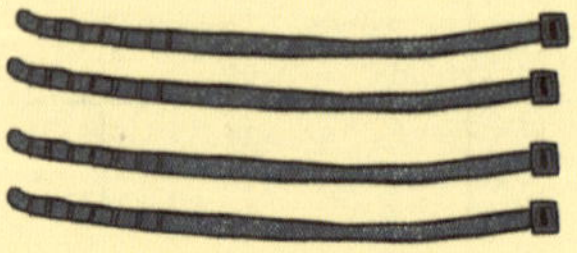

塑料捆扎带×4

工具：

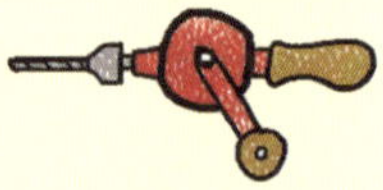

小手工钻 　剪刀

美工刀 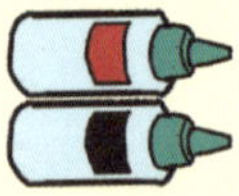　环氧树脂胶

绳子 　木工胶

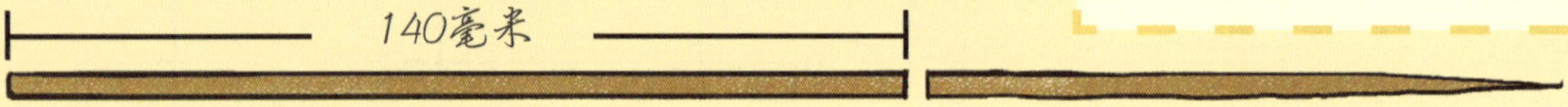

140毫米

木签切至140毫米长

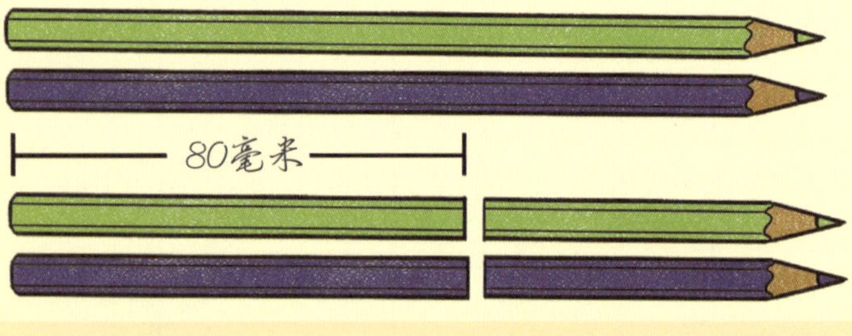

80毫米

你还需要4支铅笔。其中2支保持原始长度，2支切至80毫米长。

带橡皮头的铅笔 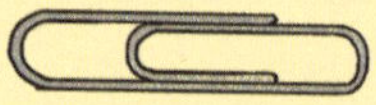　　大号回形针

制作步骤

阶段1

1 首先制作4根支柱。每根支柱由将35毫米长的木片居中粘在80毫米长的木片上制成。粘好后,等胶水干透。

2 将刚才粘好的支柱竖起(较长的一侧朝外),取两片长80毫米的木片(冰棒棍),居中粘在支柱内侧较短的木片两端。

阶段2

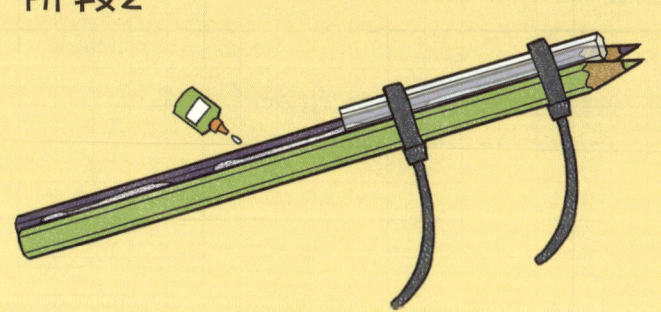

3 将两支铅笔用木工胶并排粘在一起。取出切好的圆珠笔杆,用两根捆扎带将其扎在铅笔尖那一头。

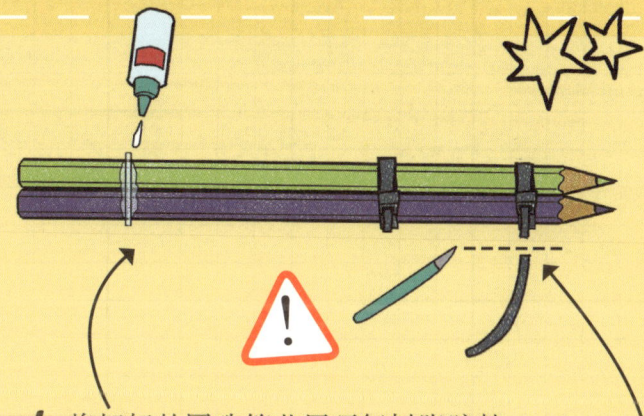

4 将切好的圆珠笔芯用环氧树脂胶粘在靠近铅笔末端约30毫米处,横跨两支铅笔,且在圆珠笔杆的反面。将捆扎带多余部分剪去。

阶段3

5 下面制作弩箭。切下铅笔上的橡皮头,切下的橡皮头尽可能完整。

6 用小手钻在切下来的橡皮头中钻一个洞。将切好的木签插入其中,并用环氧树脂胶粘好,固定。

阶段4

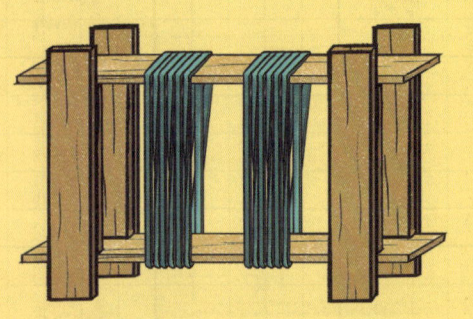

7 在图示位置各取2组橡皮筋，绕框架3圈。

8 将事先切好的一端刻有小槽的冰棒棍圆头朝内插入橡皮筋，再如图所示扭一圈。检查一下，手松开时，这个发射臂是否会撞上框架？

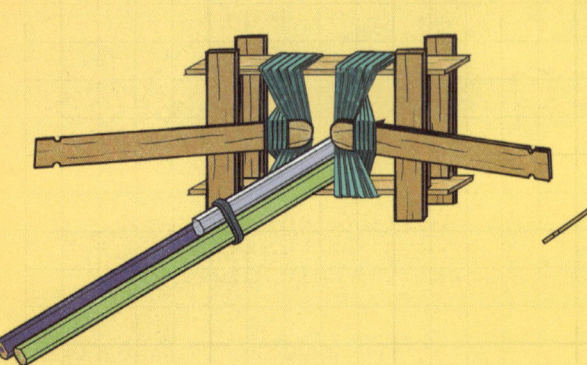

9 将扎在一起的铅笔和圆珠笔杆插入两根橡皮筋之间，架在底座横梁上，圆珠笔杆朝上。

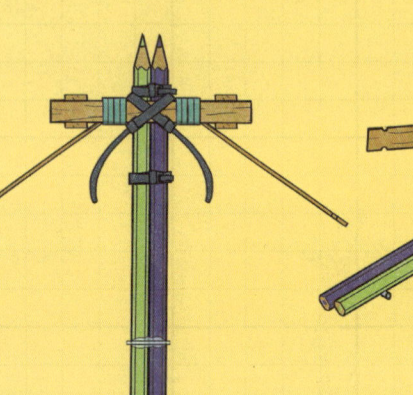

10 用两根捆扎带交叉固定笔杆在横梁上，上图为仰视图。剪去捆扎带多余部分。

11 取出切好的两根短铅笔段，用环氧树脂胶固定，做成两根支腿。

12 取一根绳子，长度略长于两根发射臂展开的宽度。一头系在冰棒棍的小槽上。

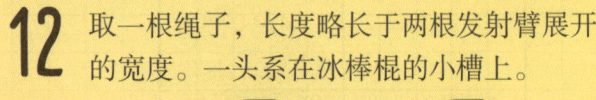

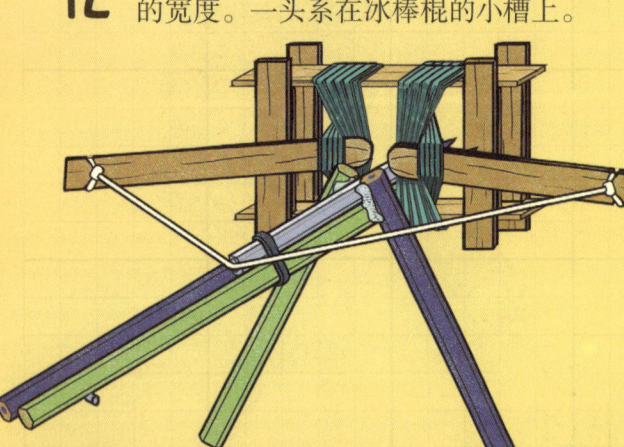

13 将绳子卡住圆珠笔杆后再系住另一头的小槽，保持绳子处于紧绷状态。

14 现在制作触发机关。把一枚大号回形针拉直，拧成图示形状。

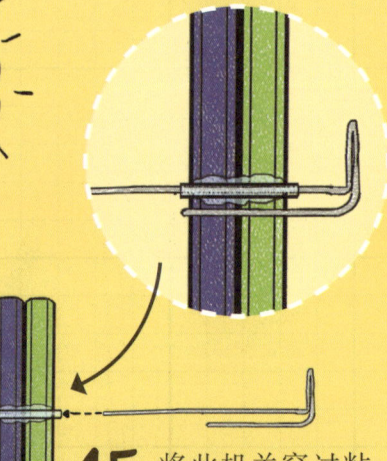

15 将此机关穿过粘在铅笔尾端的圆珠笔芯管。见图。

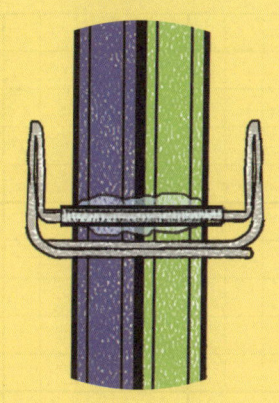
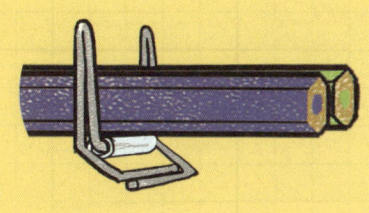
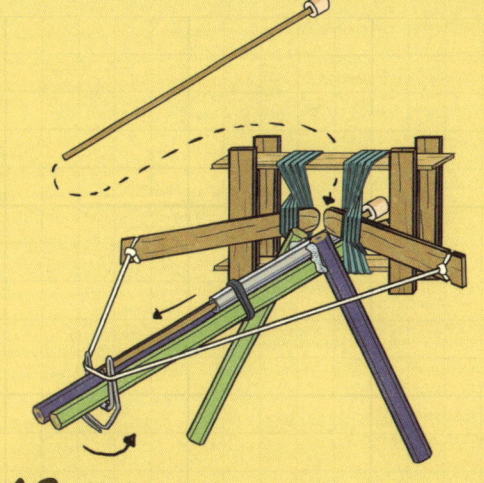

16 将穿过笔芯管的另一头也拧成如图所示的形状。

17 拧好的机关如图般抬起。

18 抬起机关,将绳子向后拉钩住机关。现在将制作好的弩箭插入圆珠笔笔杆,拉紧绳子蓄力。

发射!

中世纪投射机

在古代战争中,攻方和守方都会用到投射机。从城堡的城墙上发射,投射机有很长的射程,为了提高射击精度,投射机还可以安装在旋转座架上。进攻的一方则把小型投射机放在战车上,以求战场机动性。

空气滑膛枪

历史上有一些武器利用空气而非火力来发射抛射物。18世纪诞生的气枪相对更安静,且不会产生烟雾。我们即将制作的这个迷你空气滑膛枪模型也没有冒烟的枪管,它只发射棉花糖炮弹。

制作步骤

阶段1

1. 用一块编织网包住硬纸筒尾端,做成枪管。用电工胶布把编织网和纸筒固定在一起,避免棉花糖掉进气袋中。

2. 把沐浴球的系绳剪掉,使其散开。

3. 用塑料袋松松地包住散开的沐浴球。

阶段2

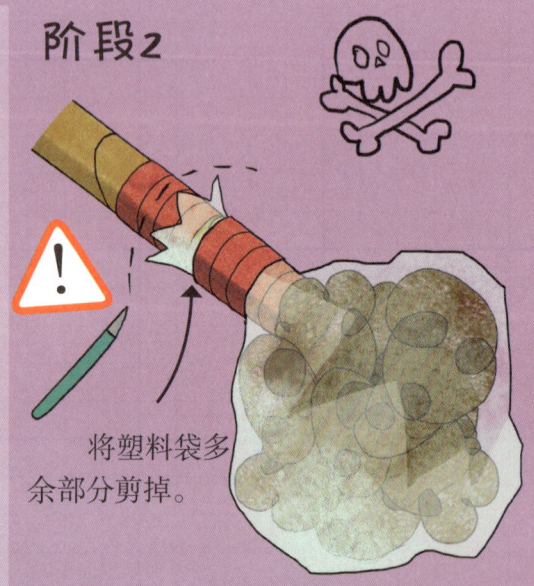

将塑料袋多余部分剪掉。

4. 将硬纸筒有编织网的一头塞入塑料袋中,然后用电工胶布绕着封口,形成一个密封袋。挤压它时,可以通过纸筒向内吹气。

5 制作推弹杆一种方法是将木勺的柄切下来，或者找一根长度合适的木棒。把洗碗布揉成一团，大小与炮筒直径相近。

6 再取一块洗碗布，包住刚才制作的洗碗布团，抵住木棒顶端。

阶段3

7 将推弹杆塞入洗碗布内，用胶布绕着推弹杆紧紧缠住。裁去多余部分的洗碗布。

8 往枪管中填入美味的小棉花糖。用推弹杆将其推至最里面。

9 将枪管对准敌人，猛地拍打塑料袋。沐浴球的弹性会使塑料袋再次膨胀鼓起来。

空气动力

　　史上最著名的空气滑膛枪是奥地利军队于1780—1815年间使用的基然都尼气步枪，他们在对阵法国皇帝拿破仑军队时使用了这一武器。这种枪支于1803年传入美国，刘易斯和克拉克在拓展西部疆域的探险中就携带了这种枪。

简易投石机

古罗马人对简易投石机情有独钟,工匠们不断地制造这种武器并改善其工艺。这个投石机由TicTac薄荷糖的盒子制成,可以发射棉花糖。

你需要:
- TicTac薄荷糖盒子 × 4
- 电工胶布
- 橡皮筋 × 2
- 塑料勺 × 1
- 棉花糖

制作步骤

阶段1

1. 将3个TicTac薄荷糖盒子粘在一起。
2. 将其放平后顶上横跨粘上第四个盒子。
3. 如图所示,在突出的两个盒子上绕两根橡皮筋。

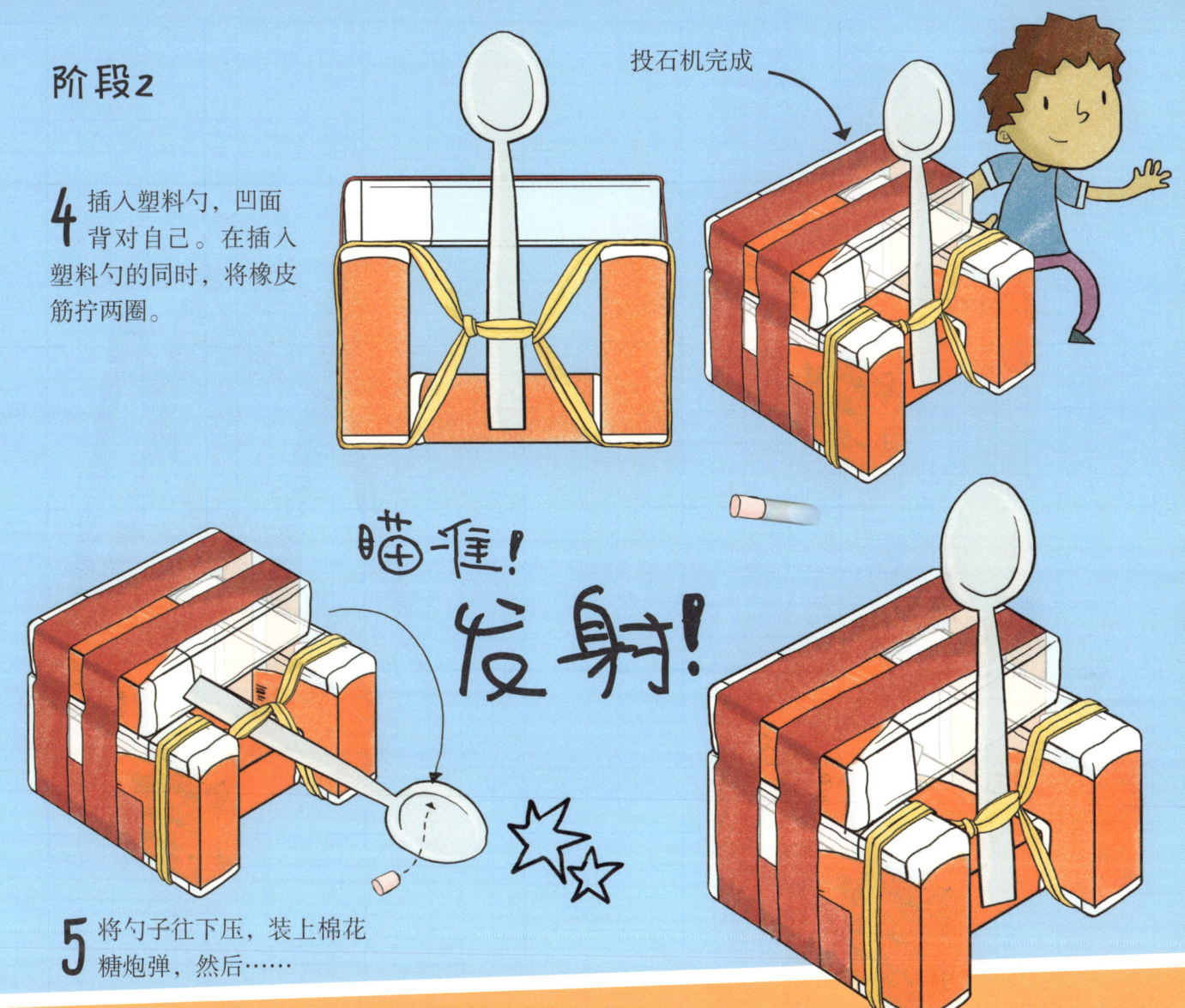

阶段2

4 插入塑料勺，凹面背对自己。在插入塑料勺的同时，将橡皮筋拧两圈。

投石机完成

5 将勺子往下压，装上棉花糖炮弹，然后……

瞄准！发射！

罗马投石机

当古罗马人在公元43年首次入侵不列颠时，使用的标准弩箭发射投石机叫作蝎弩——只需一名士兵操作。它的动力由被绳子紧紧缠绕的摇柄或杆提供，绳子用动物蹄筋制成。它产生类似弹簧的效果。恺撒大帝曾经对其发射精度大加赞赏。

成品展示

这些神奇的模型向我们展示了古代和中世纪武器的威力。它们可以重击敌军、摧毁城墙。

抛石机

原型：中世纪抛石机

最早发明者：古代中国人

射程：30—61米

投石机

原型：扭力投石机

发明者：古罗马人或古希腊人

驱动力：绞盘弹簧装置

空气滑膛枪

原型：基然都尼气步枪

发明者：巴托洛梅乌斯·基然都尼，大约1778年

原型尺寸：1.2米

弩炮

原型：约公元前250年的古代弩炮

发明者：古希腊人

抛射物：重达70千克的石块

简易投石机

原型：蝎弩

发明者：古希腊人

抛射物：弩箭

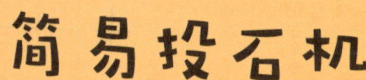

投射机

原型：约公元前400年的古代投射机

发明者：古希腊人

抛射物：石块、燃烧的箭镞

历史上的攻城装置

这些隆隆作响的武器在战场上沿用了数百年。现在让我们回溯历史，看看历史上的攻城装置是如何工作的……

鹤立鸡群

抛石机是弹射武器中最大的。通过连接着木质臂的吊索抛射物体。它可以将炮弹发射得更远更高，可以越过城墙，也可以摧毁城墙。

抛石机中最有效率的类型是配重式抛石机。吊索中的炮弹与另一端的重物达到平衡。当把重物移开时，抛射物就被弹至空中，飞向目标。法国人使用抛石机最多，所以我们毫不意外地发现"trebuchet"其实是一个法语词汇。

公元1304年，英国国王爱德华一世在攻打苏格兰斯特灵城堡中使用了巨型抛石机。这台抛石机有个昵称叫作"战狼"，它大到令苏格兰军队不战而降。不过爱德华国王并未满足于苏格兰人的投降，他想试验一下他的新机器。于是这台可抛射136千克重物的"战狼"，将一座城堡夷为碎石，仅仅30人得以幸存。

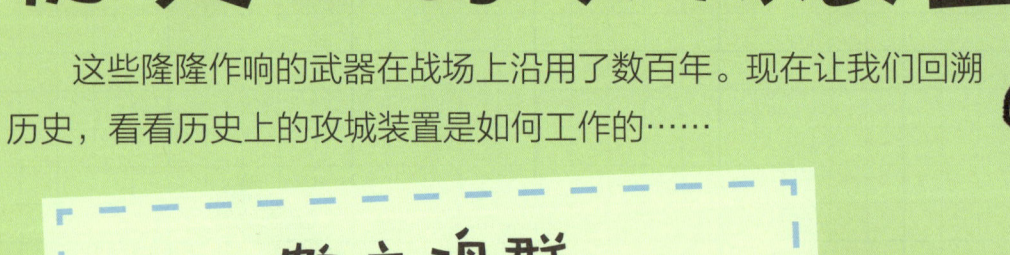

野驴

弩炮是古罗马皇帝的重要大炮武器。弩炮的英文Onager意为"野驴",因为弩炮在发射炮弹后会猛烈反冲。为了减轻这一后坐力,弩炮的前端有一块缓震片。这一缓震片也可以用于调整发射角度,以较低角度攻击城墙。

弩炮的抛力来自扭力——紧紧缠绕的绳子突然放开时(见下面)会产生类似弹簧的效果。罗马士兵使用侧面上的杠杆缠紧连接着发射臂的绳子。当准备发射时,主炮兵捶击桩子释放发射臂和吊索,发射炮弹。罗马人经常使用弩炮来包围敌人,他们发射的土球撞到东西后会燃烧。

围攻泰尔城

有些人认为,公元前332年,亚历山大大帝时期的工匠发明了扭力抛射装置。此时,亚历山大大帝正在远征今天隶属于黎巴嫩的小岛城市泰尔城。泰尔城很难攻克,亚历山大大帝需要一款新的重型武器,于是他的工匠们想出了这一抛石机设计。

亚历山大大帝在海岸和小岛之间造了一座陆桥,在桥上和他的船上配置了强大的抛石机,他甚至在高耸的攻城塔中也装上了抛石机。这些抛石机重击城墙,砸开了一个洞。亚历山大大帝利用它们猛攻,成功拿下了此前被认为是坚不可摧的泰尔城。

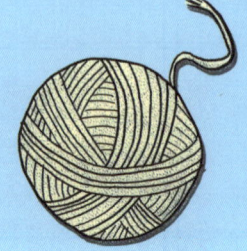

Make Your Own Siege Engines
By
Rob Ives
copyright © 2016 Hungry Tomato Ltd
Illustration copyright © 2016 by John Paul de Quay
First Published 2016 by Hungry Tomato Ltd
Simplified Character Chinese edition copyright © 2019 by
Shanghai Scientific & Technological Education Publishing House
Simplified Character Chinese edition arranged with
Hungry Tomato Ltd
ALL RIGHTS RESERVED
上海科技教育出版社业经Hungry Tomato Ltd 授权
取得本书中文简体字版版权

责任编辑　李　凌
装帧设计　杨　静

桌上战斗

攻城装置 D.I.Y.

[英] 罗布·艾夫斯　文
[英] 约翰·保罗·德夸伊　图
张珍真　译

出版发行　上海科技教育出版社有限公司
（上海市柳州路 218 号　邮政编码 200235）

网	址	www.sste.com　www.ewen.co
经	销	各地新华书店
印	刷	上海普顺印刷包装有限公司
开	本	889×1194　1/16
印	张	2
版	次	2019 年 3 月第 1 版
印	次	2019 年 3 月第 1 次印刷
书	号	ISBN 978-7-5428-6886-2/G·3973
图	字	09-2017-704
定	价	19.80 元